AF268158

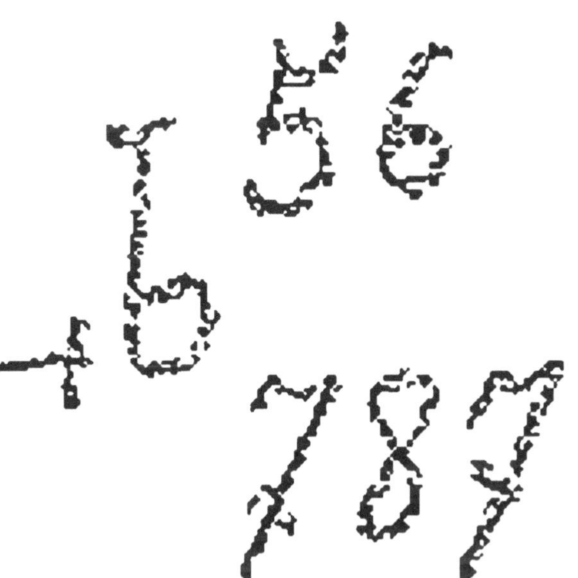

LA PAIX

PAR

M. BOUHIER DE L'ECLUSE

Ancien Représentant du peuple aux Assemblées nationales
et Député de la Vendée au Corps Législatif.

PARIS

IMPRIMERIE DE H. CARION

64, RUE BONAPARTE, 64

1859

IMPERIAL
TIMBRE

LA PAIX

La paix... c'est le besoin et le vœu de la France : c'est la conquête et l'élément vrai de notre civilisation, c'est son plus grand bienfait pour les peuples.

En France, on aime la gloire des armes, il est vrai ; on se passionne pour elle jusqu'au délire, on lui sacrifierait même dans un moment d'enthousiasme jusqu'aux intérêts les plus grands du pays, ses enfants les plus chers, ses soldats les plus valeureux, des armées entières ; et, de nos jours encore, on accueille avec des transports de joie la nouvelle de victoires remportées au prix du sang de générations entières pour la seule gloire de vaincre ; mais, le calme revenu, chacun demande la paix, chacun veut la paix, chacun maudit la guerre et ses désastres.

La paix, c'est le besoin véritable de tous, c'est une nécessité pour tous, c'est, redisons-le, la conquête et le besoin de notre civilisation.

Au temps où nous vivons, en France comme dans le reste de l'Europe, nous pourrions dire dans le reste du monde, tout est organisé pour la paix aujourd'hui, comme autrefois tout était organisé pour la guerre.

La conquête réelle à laquelle nous marchons, c'est la paix.

Malheur à qui le méconnaîtrait !...

Qu'aux premiers temps des sociétés, lorsqu'elles cherchèrent à s'asseoir, il y eût des guerres incessantes, ou qu'on organisât tout pour la guerre, cela se comprend : c'était le besoin, la nécessité de ces temps-là.

Nous dirons plus : la guerre, les hommes d'armes, c'était alors le besoin, la nécessité de la paix.

C'était la plus forte garantie de l'ordre, la seule même...

C'était la seule et la plus forte garantie de la prospérité de tous...

Qu'aux premiers temps de notre organisation française nos rois le comprissent également ainsi, qu'ils honorassent, qu'ils grandissent entre tous, les hommes de guerre; qu'ils plaçassent au-dessus de tout, le métier des armes; au-dessus de tous, les grands capitaines, les guerriers illustres; que même ils partageassent entre eux le territoire de la France, en leur conférant les plus grands pouvoirs et les plus grands droits comme les plus grands honneurs, mais en conservant toutefois sur eux leur souveraineté et en leur imposant les obligations que comportait dans l'intérêt de la patrie l'organisation sociale d'alors, nous le comprenons aussi; c'était le meilleur moyen de gouverner les populations barbares et

à demi-sauvages de ces temps-là, de les soumettre à un certain ordre, ou de les forcer à reconnaître un certain mode
d'existence sociale; puis également d'aider efficacement la
société comme la royauté naissantes dans les guerres incessantes qu'elles avaient à soutenir contre des attaques ou des
invasions de barbares étrangers, ou des soulèvements de
populations indomptées et remuantes, qui se refusaient à
reconnaître tous devoirs sociaux et qu'entraînaient leurs
mœurs et leur caractère belliqueux.

Oui, l'organisation féodale eut sa grandeur, nous le recon-
naissons hautement; ce fut là même une grande et belle
organisation sociale qui, bien qu'elle ne soit plus de notre
temps, enfanta de grandes choses, et, malgré les dissentions
intestines qu'elle amena, fit de la France un grand royaume
et la plus chevaleresque comme la plus puissante nation de
ce temps-là.

Quoi, en effet, de plus fort et de plus imposant qu'un
peuple entier d'hommes d'armes commandé, administré et
gouverné par ses hommes d'armes les plus illustres et par
ses rois, qui étaient eux-mêmes ses plus grands capitaines...
puissant ensemble de vertus et de forces guerrières, contre
lequel venaient se briser les mouvements et les passions po-
pulaires comme les soulèvements et les haines des peuples
voisins?

Oui, alors, c'était là en France une grande et forte organisation pour la guerre sous le commandement du roi, comme
au moyen âge on voulut à Rome tout organiser dans le monde
pour la paix sous le gouvernement du pape.

Mais ces temps ne sont plus! bien des années se sont
écoulées depuis cette époque chevaleresque; de grandes
transformations sociales se sont opérées en France; son sol
entier a été labouré par les institutions séculaires et toutes

pacifiques de la royauté, par les conquêtes de la civilisation, et même, nous pourrions le dire, par les progrès de l'humanité tout entière.

La paix, une forte organisation pacifique, voilà la vraie grandeur de la France de notre temps, voilà son avenir.

Ne cherchons pas à copier : soyons des maîtres...

Vouloir de nouveau organiser militairement la France, renouveler pour elle les temps chevaleresques, ou remuer le monde par la guerre, ce serait plus qu'une témérité, ce serait un anachronisme social, la plus coupable folie, car ce serait ou vouloir remonter le cours des âges, ou bouleverser tout ce qui est, et, comme une frêle nacelle montée par d'imprudents nautonniers, aller se briser contre le cours impétueux d'un torrent, pour y périr corps et biens...

Laissons, laissons à chaque époque sa grandeur ; gardons la nôtre... c'est une assez belle part.

Les grands guerriers, d'ailleurs, ne sont pas seuls de grands hommes : l'humanité a bien plus de bénédictions, et des lauriers tout aussi glorieux, mais bien plus purs pour les hommes de paix.

Si l'antiquité eut des couronnes pour Alexandre et César, elle en eut aussi pour Lycurgue et Solon. En France, on vénère bien plus encore Charlemagne et Saint-Louis, pour leurs institutions pacifiques que pour leurs exploits ; on aime bien mieux Henri IV, au nom si populaire, pour ses bienfaits que pour ses victoires, et, à côté des noms de Turenne et de Bayard, guerriers d'ailleurs si pieux et si économes du sang de leurs soldats, on plaça toujours avec orgueil ceux de Sully et de Colbert.

Si même il nous était permis de sortir de l'actualité pour généraliser notre pensée, et caractériser la paix et la guerre, nous ajouterions : La paix, c'est l'expression vraie de la bonté toute miséricordieuse de Dieu pour les hommes, c'est le don de Dieu...

Ce fut la paix au paradis terrestre qu'il offrit comme existence première à nos premiers parents.

La guerre, c'est l'expression des mauvaises passions de l'humanité.

Un fratricide fut son premier acte.

Les passions humaines seules, firent un besoin de la guerre et la grandirent jusqu'à la hauteur d'un devoir.

Ce devoir accompli au prix du sang et du dévouement le plus entier au pays, c'est là, mais c'est là seulement, ce qui glorifia les grands capitaines et les grands monarques. C'est aussi l'accomplissement de la guerre comme un grand devoir social qui a fait attacher un si grand éclat à la gloire militaire, et un si grand honneur à la carrière des armes.

Le but comme la véritable mission de la force militaire, c'est de protéger la société. C'est cela seul qui l'ennoblit; elle n'est une grande et respectable chose que parce qu'elle a pour suprême loi le salut des peuples, leur sécurité.

C'est même sa seule raison d'être dans tout pays civilisé.

Grande et noble mission qui explique tout à la fois le haut rang social et les distinctions personnelles justement accordés à ceux qui se vouent à la carrière des armes et s'y distinguent; elle concilie le but véritable de toute organisation militaire et les besoins de toute organisation pacifique, ou plutôt, disons, pour être plus exact, les besoins de toute société civilisée; elle fait que, tout en acceptant, comme cela doit être, et la gloire de la guerre et les bienfaits de la paix, sans les confondre jamais, on laisse à chaque chose sa part vraie, dans toute société humaine... c'est-à-dire qu'on accepte l'armée comme le moyen d'assurer la grandeur, la sécurité et la prospérité de l'État, mais non comme sa grandeur

même : la grandeur véritable des nations est dans le développement des arts, des sciences, des lettres, du commerce,
de l'industrie et des progrès de la civilisation, en un mot, en
tout ce que donne la paix.

C'est là, là aussi, aujourd'hui surtout, qu'est la grandeur
vraie de la France.

En France, de nos jours, tout est organisé pour la paix.

En France, dans le monde, aujourd'hui, c'est par la paix
que tout prospère.

La paix, c'est la vie pour tous.

Oui, en France, au temps actuel, la grandeur et la prospérité, c'est le développement et le progrès de l'industrie,
des arts et des sciences.

Tout se porte là.

La fortune, la considération, le bien-être, l'intelligence,
tout est là.

Eh bien ! tout cela ne vit, tout cela ne peut vivre que par
la paix...

La paix, c'est leur condition nécessaire... indispensable
d'existence.

La paix, c'est leur prospérité.

La guerre, c'est leur mort.

C'est un fait acquis, incontestable, si fortement démontré
pour l'intelligence la plus faible, que c'est pour tous à l'état
d'axiome...

Qu'a à faire la guerre dans un tel état de choses?...

La guerre, au temps actuel, mais c'est la joie des fous...
des ambitieux, des ennemis de l'humanité.

C'est le rêve des méchants.

C'est le triomphe des mauvaises passions.

C'est l'espoir des utopistes et des perturbateurs.

Au nom de la guerre, qui ne voit les hommes sages s'alarmer, et les hommes pervers se réjouir?...

Au nom de la guerre, qui n'entend rugir toutes les mauvaises passions de l'humanité...., la civilisation trembler?

Au nom de la guerre, qui ne voit le crédit alarmé et partout compromis, l'industrie et le commerce inquiets, partout paralysés et comme morts?...

Au nom de la guerre, qui ne voit, dans notre société organisée pour la paix, tous les ressorts se détendre, tous les métiers rester immobiles, l'effroi sur tous les visages, l'anxiété dans toutes les poitrines, arrêtant toutes les pulsations de la vie?

La guerre, l'excitation à la guerre, c'est comme un complot contre la prospérité et la sécurité de la France, contre son gouvernement, contre la paix du monde entier.

D'où part l'excitation à la guerre? De la France? Non.

Pour qui, dans quel intérêt la ferait-on? Pour l'intérêt de la France? Non.

Que le pouvoir y prenne bien garde : sous des noms glorieux, en flattant un juste orgueil, en faisant appel à des sentiments qu'on s'efforce d'ennoblir, on cherche à l'entraîner à la guerre pour servir des passions ou des intérêts étrangers à la France, contraires aux intérêts véritables de la France.

C'est un péril imminent caché dans un abîme couvert par le mot *gloire*..... Ce n'est pas la gloire vraie.

Qu'il tremble de déchaîner les passions prêtes à se ruer sur l'Europe et le monde. En vain dirait-on que la guerre sera concentrée dans l'Italie. C'est un leurre, c'est un rêve... Autant vaudrait prétendre qu'on peut mettre le feu à une longue traînée de poudre sans s'exposer à l'enflammer tout entière.

Disons-le nettement, ce sont elles, ces passions étrangères, elles seules qui l'excitent à prendre les armes, elles seules qui travaillent sourdement, elles seules qu'il servirait en faisant la guerre.

La gloire acquise par nos armes dans l'expédition de Crimée est assez grande, d'ailleurs, le nom de la France assez haut placé, pour qu'elle n'ait plus besoin d'envier la gloire des armes.

Cette gloire même a ses dangers.

Personne n'a oublié que le premier Empire, bien qu'il eût fait trembler longtemps l'Europe devant la gloire de nos armes, vit sa fortune militaire pâlir... La gloire fit place à l'exil.

Que le pouvoir actuel pense surtout à la France et comprenne bien ses besoins.

Oui, en France, ne craignons pas de le répéter, les arts fleurissent, le commerce demande la paix pour se développer ; l'industrie y tient aujourd'hui la première place et l'industrie ne vit que par la paix ; en France aujourd'hui, sauf de bien rares et de bien peu importantes exceptions, chacun vit par son travail, son activité, son intelligence ; et le travail, l'activité, l'intelligence ont besoin de la paix pour vivre, ne vivent et ne peuvent vivre que par la paix.

La France de nos jours est, en un mot, toute organisée pour la paix.

Elle est grande, elle est forte, elle est puissante, par la vie, par la force, par la puissance de chacun (puissance qu'une grande unité sociale fait la force de tous), bien plus que par la force ou l'impulsion venant d'en haut ou de ses sommités sociales, car il n'y a plus, à vrai dire, en France, d'organisation aristocratique.

Nous ne disons pas cela, cependant, pour exprimer qu'une

organisation aristocratique indiquerait une possibilité ou un besoin de guerre plus grand que notre état actuel ; nous le disons seulement, comme un fait, afin de bien caractériser ce qui est.

Il y a bien loin, en effet, d'une organisation aristocratique à une organisation chevaleresque et guerrière.

Il y a bien loin, surtout, de l'organisation de la France, du temps du bon et malheureux Louis XVI, — roi à l'amour si vrai pour le peuple, au désir si persévérant d'étendre ses droits et ses libertés, comme aussi de le faire jouir de tous les bienfaits de la civilisation, — à l'organisation de la France au temps de la féodalité.

L'organisation aristocratique vit et grandit par la paix tout aussi bien que l'organisation démocratique, et si quelques politiques croient y voir plus de gages de sécurité et de force pour les monarques comme pour les peuples, aucun n'y voit un danger plus grand de guerre.

Cela est vrai, surtout sous une monarchie consolidée par les siècles et les institutions nées des mœurs et des coutumes d'un peuple.

Mais à quoi bon parler aujourd'hui d'organisation aristocratique ? L'organisation aristocratique, comme l'organisation chevaleresque, après avoir eu sa grandeur, a aussi cessé d'être en France.

Cette organisation de nos jours, après nos soixante-dix ans de révolution, n'a plus d'existence politique réelle ; elle n'est plus qu'un glorieux souvenir caressé par les uns, calomnié ou maudit par les autres... voilà tout.

La France actuelle, avec son Sénat à vie, composé pour la plus grande partie, d'hommes fils de leurs œuvres, nés d'hier à la vie politique, et son Corps législatif, légalement électif ; la France, où, à juste titre, chacun peut prétendre à tous les emplois civils et militaires, et sortir de l'atelier pour arriver aux plus hauts grades de l'armée ou aux positions politiques. les plus élevées, on ne prétendra pas sans doute que c'est là une organisation aristocratique.

Comme organisation sociale, il faut bien le reconnaître, nous marchons à la démocratie, nous sommes en démocratie, mais une démocratie qui a encore conservé de grands éléments aristocratiques, de grands souvenirs aristocratiques : voilà la vérité.

Que depuis 40 ans le gouvernement de la France se soit nommé Royauté, Empire, République, cela, à quelque différence d'organisation près, n'a rien changé au fond à cet état des choses.

Le gouvernement parlementaire même, loin de le restreindre, n'a fait que l'étendre.

En vain on se soulèverait contre cette situation, en vain on se récrierait contre cette indication... C'est désormais passé à l'état de fait, c'est une chose accomplie.

Ce sont les temps et les révolutions, autant que les hommes, qui ont fait les choses ainsi.

Il n'y a plus qu'une chose à faire pour tout pouvoir à la hauteur de notre époque, c'est de prendre les choses telles qu'elles sont, c'est-à-dire, la terre de France telle qu'elle est labourée, d'y planter résolûment son drapeau et d'organiser ce qui est, à l'aide des éléments de force, de sécurité, de liberté, de gloire, d'ordre, de paix et d'existence qui lui sont propres, pour la plus grande gloire, la plus grande sécurité, et la plus grande prospérité de tous en France... et, de le faire, sans regarder en arrière, comme sans se laisser arrêter par aucune clameur, ni entraîner par aucune passion.

Celui qui osera l'entreprendre et saura l'accomplir sera le sauveur de la patrie !

En dehors de toutes les combinaisons politiques possibles (sous le drapeau de l'empire comme sous tout autre), le premier et le plus sûr moyen d'y parvenir, c'est la paix.

J'oserais presque dire que c'est au pouvoir qui comprendra ces choses et donnera avec la paix les plus grandes garanties de la maintenir, qu'appartiendra cette gloire.

Que ce pouvoir, quels que soient sa force, le prestige de sa gloire, la puissance de son droit et la part de facilités d'agir que lui feront les temps, n'oublie jamais surtout dans cette grande œuvre qu'en fait de civilisation les nations ne reculent jamais : au jour marqué par Dieu seulement, si telle est leur destinée, elles disparaissent...

Tant que cette heure n'a pas sonné, la civilisation ne connaît aucun obstacle qui l'arrête; tous, elle les brise, emportant avec elle le téméraire qui a osé les lui opposer.

Qu'il n'oublie jamais non plus que l'un des droits les plus sacrés, consacré par la civilisation, c'est le respect le plus absolu des droits de chacun, la loi également juste, consciencieusement appliquée pour tous...

On peut admettre l'emploi momentané de la force, son abus même comme une nécessité passagère, nécessaire pour comprimer les passions incandescentes et maintenir la paix et l'ordre public; mais on ne peut jamais admettre l'abus de la loi, la violation du droit de chacun ! Ce serait là le pire état social; chose pire que l'anarchie, peut-être, car l'anarchie ne vit qu'un jour...

Malheur à celui dont les nécessités d'existence seraient la guerre : il serait infailliblement emporté par la force des choses.

Malheur à celui qui ne comprendrait pas qu'il faut accepter les conquêtes des temps, conserver à l'industrie, au commerce comme aux sciences et aux arts, les hautes positions qu'ils ont glorieusement conquises, tout en les protégeant et les encourageant encore pour les grands services qu'ils rendent à la société, dont ils sont la richesse et la vie, ou qui ne saurait pas leur accorder la part plus grande encore qu'ils doivent avoir dans une organisation sociale pacifique dont ils constituent le premier et le plus important élément : il serait impossible.

Malheur à celui qui ne saurait pas honorer le travail, encourager tous les labeurs utiles, récompenser tous les succès, comprendre tous les besoins des classes laborieuses, et, tout en y subvenant, leur accorder la part de liberté, de droits et de protection que la civilisation leur a faite, comme celle qu'elle leur assure : il se suiciderait.

Surtout, répétons-le hautement, dans l'état actuel de la société, la principale chose, le premier travail à accomplir, c'est d'organiser tout ce qui est pour la paix.

C'est d'ailleurs là une grande et belle mission.

Si ce fut une grande et imposante chose aux premiers temps de notre histoire qu'une grande organisation guerrière, nécessité de ces temps-là ;

C'est une grande et importante chose aussi que l'organisation pacifique de la France de nos jours, nécessité de notre temps.

Ce sera la force, la puissance, la gloire du gouvernement qui accomplira ce grand acte.

C'est la chose la plus grande et pour la France la plus féconde en heureux résultats, qui puisse être faite dans notre temps.

C'est la cause et le but du grand travail social qui s'est fait en France depuis un siècle ; c'est là ce qui a occasionné les crises et les révolutions qui l'ont fait trembler... c'est leur accomplissement, c'est leur terme, c'est la paix après l'anarchie...

Par là le flot des passions humaines débordé rentre dans son lit.

Les grandes conquêtes de la civilisation sont consacrées; loin de reculer, elle marche...

Arrière! arrière alors, les utopistes, ou les fous!

Arrière, les ambitieux et les pervers!

Arrière, les intrigants et les plats valets!

Arrière, les chercheurs de place comme les chercheurs d'argent à tout prix, ces hommes pour qui les honneurs et la fortune, c'est presque toujours le déshonneur et le vol!...

Arrière, toute cette lèpre de scélérats, de vampires et de mauvais citoyens qui ne rêvent que trouble, désordre, anarchie, pour, à l'aide des convulsions sociales et des maux de la patrie, satisfaire leurs passions honteuses!.........

La paix est faite!

Elle répand ses bienfaits sur tous.

Elle assure la sécurité de tous.

Pour en partager le bénéfice social, il faut désormais être un homme paisible, probe, laborieux; en un mot, il faut être un bon citoyen...

Honneur, bénédiction à qui accomplira ce grand acte!

Il sera vraiment le bienfaiteur de la patrie, disons plus, le bienfaiteur de l'humanité tout entière; sa grande œuvre sera imitée par toutes les nations de la terre, autant par entraînement que par nécessité.

Il n'y aura qu'un concert de louange pour le glorifier.

Il y aura une union cordiale de tous les peuples pour le bénir.